LE VACCIN

HISTOIRES D'ESPIONS ET D'ENVAHISSEURS

par LINKED IN AND TOWN HALL ACHIEVER OF THE YEAR
NOMINÉ ENTREPRENEUR DE L'ANNÉE ERNST & YOUNG
GRAND HOMMAGE À LYS DIVERSITÉ
WORLD TOP100 DOCTORS

Dr. BAK NGUYEN, DMD

&

WILLIAM BAK

POUR TOUS LES ENFANTS QUI VEULENT COMPRENDRE CE QU'EST UN VIRUS ET CE QU'EST UN VACCIN

par WILLIAM BAK
& Dr. BAK NGUYEN

Publié par: DR. BAK MAISON D'ÉDITION
Revision scientifique par Dr. JEAN DE SERRES
Correction par BRENDA GARCIA

Du Canada, le **Dr Bak NGUYEN**, nominé Entrepreneur de l'année Ernst & Young, Grand Hommage à Lys DIVERSITÉ, LinkedIn et TownHall, Achiever of the year et TOP100 docteurs du monde. Le Dr Bak est un dentiste cosmétique, PDG et fondateur de Mdex & Co. Son entreprise révolutionne le domaine dentaire. Conférencier et motivateur, il détient le record du monde d'écriture de 72 livres en 36 mois accumulant de nombreux records mondiaux (à être officialisés). Ses livres couvrent les sujets:

- **ENTREPRENEURSHIP**
- **LEADERSHIP**
- **QUÊTE D'IDENTITÉ**
- **DENTISTERIE ET MÉDECINE**
- **ÉDUCATION DES ENFANTS**
- **LIVRES POUR ENFANTS**
- **PHILOSOPHIE**

En 2003, il a fondé Mdex, une entreprise dentaire sur laquelle, en 2018, il a lancé l'initiative privée la plus ambitieuse afin de réformer l'industrie dentaire à l'échelle du Canada. Philosophe, il a à cœur la quête du bonheur des personnes qui l'entourent, patients et collègues. En 2020, il a lancé une initiative de collaboration internationale nommée les **ALPHAS** pour partager ses connaissances et pour que les entrepreneurs et les professionnels dentaires puissent se relever de la plus grande pandémie et dépression économique des temps modernes.

Ces projets ont permis au Dr Bak d'attirer les intérêts de la communauté internationale et diplomatique. Il est maintenant au centre d'une discussion mondiale sur le bien-être et l'avenir de la profession de la santé. C'est à ce propos qu'il partage ses réflexions et encourage la communauté des professionnels de la santé à partager leurs histoires.

"Ça ne vaut pas la peine de marcher seul! Ensemble, on peut y arriver."

Pour soutenir la créativité et le partage de la sagesse et la croissance personnelle, le Dr Bak dirige également l'avancement de l'Intelligence artificielle chez Emotive Monde Incorporé. En intégrant l'intelligence artificielle, le design et l'édition à son flux de production, Emotive Monde est un leader mondial dans les univers de publication et de production d'histoires et de livres.

Les livres édités sont distribués par Amazon, Barnes & Noble, Apple Livres et Kindle. La société produit aussi des livres audio, nouvellement intégré en format combo pour les achats de copie papiers distribuées par Amazon et Barnes & Noble.

Sous la direction du Dr Bak, Emotive Monde a lancé le protocole Apollo, permettant aux auteurs d'écrire des livres en 24 heures de temps de travail, le protocole Echo, pour produire des livres audio comme celui-ci, et également de créer et de produire des blockbusters de livres audio, **U.A.X.** (Ultimate Audio Experience) en streaming sur Apple Music, Spotify et tous les principaux distributeurs musicaux.

Le Dr Bak, avec son implication dans Emotive Monde, encourage la voix individuelle des auteurs du monde et les aide à atteindre leurs marchés et leur public. Oui, le Dr Bak est un auteur, mais à travers Emotive Monde, il est également une maison d'édition et un studio de production.

Conférencier motivateur et entrepreneur en série, philosophe et auteur, de ses propres mots, le Dr. Bak se décrit comme un dentiste par circonstances, un entrepreneur par nature et un communicateur par passion.

Il détient également des distinctions du Parlement canadien et du Sénat canadien.

Du Canada, **William Bak**, est un jeune prodige de 10 ans. À l'âge de 8 ans, il a co-écrit une série de livres pour enfants avec son père, le Dr Bak. Père et fils, ensembles, ils changent le monde, un esprit à la fois, en écrivant des livres pour enfants. William a, jusqu'à présent, co-écrit 24 livres.

Il a co-écrit les 10 livres de poulet en ANGLAIS, puis il a dû les traduire lui-même en FRANÇAIS. C'est ainsi qu'il a 20 livres de poulet. William a également co-écrit 2 livres sur l'éducation des enfants avec son père, THE BOOK OF LEGENDS volume 1 et 2. Le volume 3 est en cours d'écriture.

Pour promouvoir ses livres, William a embrassé la scène pour la première fois en 2019 pour parler à une foule de plus de 300 personnes. Depuis, il est apparu dans de nombreuses entrevues pour parler de ses livres et projets à venir.

Au milieu du COVID, il s'est ennuyé et a commencé son YOUTUBE CHANNEL: **GAMEBAK**, passant en revue les jeux vidéo. Fin 2020, il a rejoint les ALPHAS en tant que plus jeune animateur du prochain movement mondial, **COVIDCONOMICS**, dans lequel il donnera son point de vue et accueillera les opinions de sa génération.

"Je vais vous montrer. Je ne vais pas vous forcer.
Mais je ne vous attendrai pas."
- William Bak and Dr. Bak

En Écrivant avec son père, William détient des records du monde à officialiser:

- Le plus jeune auteur qui a écrit dans 2 langues
- Co-auteur de 8 livres en un mois
- Le premier enfant à avoir écrit 20 livres pour enfants

LE VACCIN

PAR WILLIAM BAK & DR. BAK NGUYEN

PROLOGUE

PROLOGUE

LES QUESTIONS

PAR WILLIAM BAK & DR. BAK NGUYEN

C e matin,
William, mon fils de 10 ans
M'a réveillé avec un gros point d'interrogation
Imprimé sur le front.

Papa, c'est quoi un vaccin ?
Et pourquoi on doit en avoir un ?
Est-ce que c'est dangereux ?
Comment ça marche ?

Est-ce que c'est le Coronavirus
Qu'on s'injecte avec le vaccin ?
Est-ce qu'on peut mourir du vaccin ?

Papa, ça ne fait pas de sens
De s'injecter le Coronavirus,
Pourquoi on le fait ?

Je ne sais pas d'où viennent toutes ses questions,
Mais elles sont très justifiées, même pour un enfant.

William, je sais que tu as beaucoup de questions.
On va les adresser une par une.
D'accord ?

"Il n'y a pas de questions stupides, juste des réponses stupides."
— Dr. Bak Nguyen

Si seulement tu peux me laisser commencer
Par me brosser les dents...

QUESTION #1

QU'EST-CE QU'UN VACCIN?

PAR WILLIAM BAK & DR. BAK NGUYEN

U n vaccin est une solution
Que les médecins et les infirmières injectent
Dans les gens pour les aider
À ne pas tomber malade.

C'est une partie inactive du virus
Qu'on appelle ARN qui est injectée dans notre corps
Afin qu'il puisse produire des **anticorps**
Pour lutter contre les virus.

"Hein???"

- William Bak

Tu vois William,
Un virus est un envahisseur,
Quand les envahisseurs arrivent,
Notre corps a besoin de ses forces policières et
De son armée pour se défendre.

Souvent,
Les envahisseurs sont faciles
À reconnaître et à trouver.

D'autres fois,
Ils sont soit invisibles
Ou ils sont déguisés,
Pour ressembler à nos cellules.

Comme des espions,
Ils rentrent dans notre corps
Et préparent leur invasion.

Un vaccin est une aide
Pour nos forces de polices
Et notre armée pour identifier et trouver
Les espions et les envahisseurs cachés.

Voilà ce qu'est un vaccin,
D'un point de vue scientifique,
Dans des mots faciles à comprendre.

QUESTION #2

POURQUOI LE VIRUS VEUT RENTRER DANS TON CORPS?

PAR WILLIAM BAK & DR. BAK NGUYEN

L a réponse à cette question est facile.

Ils cherchent une maison accueillante.

Les virus sont beaucoup plus petits que les humains.

Nous sommes comme une planète pour eux.

Ils nous regardent et voient une planète.

Une planète à explorer,

Une planète à coloniser.

Notre corps est la maison de nos cellules,

Les cellules sont notre population

Les virus sont mêmes plus petits que des cellules

Comme tous bons envahisseurs,

Les virus entrent dans nos cellules,

Pour y prendre le contrôle.

C'est pour cette raison que de l'extérieur,

Nos cellules ne peuvent différencier

Les cellules normales

Des cellules contaminées.

Une fois contaminée,

La cellule devient malade

Et tranquillement, se transforme en Zombie.

À ce moment, elles sont faciles à identifier.

Mais, il serait trop tard pour les sauver.

C'est pour cette raison que l'on doit livrer

Le paquet spécial avant l'invasion

Pour que notre corps puisse entraîner

Des unités spéciales

Avec le nom de code: **ANTICORPS**.

Voilà ce qu'est un vaccin,

D'un point de vue scientifique,

Dans des mots faciles à comprendre.

QUESTION #3

COMMENT ON
ATTRAPE LE VIRUS?

PAR WILLIAM BAK & DR. BAK NGUYEN

Les virus peuvent entrer dans ton corps
Par plusieurs entrées
Par ta bouche, par ton nez,
Par tes yeux, par tes oreilles
Même au travers de ta peau.

Le virus est si petit
Qu'il peut s'infiltrer partout.

Ta meilleure protection
Est de laver tes mains souvent
Et de porter un masque spécial
Pour bloquer les entrées de ton corps
Jusqu'à ce que tu aies reçu un vaccin
Pour aider ton corps à lutter contre le virus.

Voilà ce qu'est un vaccin,
D'un point de vue scientifique,
Dans des mots faciles à comprendre.

QUESTION #4

QU'EST-CE QUE LE VIRUS FAIT UNE FOIS DANS TON CORPS?

PAR WILLIAM BAK & DR. BAK NGUYEN

Une fois entrés dans ton corps
Les premiers virus vont essayer
d'établir une base d'opération.

Ils vont infiltrer certaines de nos cellules
Et se regrouper.
Les virus ne peuvent pas communiquer
Avec les virus de l'extérieur.
Ils n'ont pas le moyen d'appeler des renforts.

Ils sont l'invasion !
Maintenant qu'ils sont entrés,
Ils restent discrets comme des espions
Et identifient les cellules à contaminer.

Une fois entré à l'intérieur de la cellule,
Le virus va créer des copies de lui-même
Pour créer une petite armée d'espions.

Si personne ne les arrête
Les nouveaux espions vont sortir
Et infecter d'autres cellules.
À chaque fois qu'ils infiltrent une nouvelle cellule,
Ils recommencent à se multiplier
Et le cycle recommence
Jusqu'à créer des usines de clonage d'espions.

Si la police de notre corps intervient à temps
Elle peut arrêter les espions
Et sauver les cellules
Avant qu'elles ne deviennent des Zombies.

Si la police arrive trop tard,
La plupart des cellules seront déjà contaminées
Elles seront malades et deviendront éventuellement,
Des Zombies

Il sera alors trop tard
Et la police devra appeler
L'armée en renfort.

Avec l'armée, c'est sérieux!
L'armée va brûler toutes les cellules du voisinage
Et si cela ne marche pas
Ils feront venir une bombe
Pour détruire toute la ville de cellules.

Tu ne veux pas avoir une bombe
Qui explose dans ton corps.
Ceci n'arrive que si l'armée perd
La bataille face aux envahisseurs
L'armée de zombies et d'espions.

Voilà ce qu'est un vaccin,

D'un point de vue scientifique,

Dans des mots faciles à comprendre.

QUESTION #5

POURQUOI DEVRAIT-ON ÊTRE VACCINÉ?

PAR WILLIAM BAK & DR. BAK NGUYEN

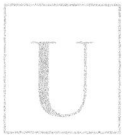

U Un vaccin est un paquet spécial

Pour notre corps

Afin qu'il puisse créer

Des unités spéciales nommées **ANTICORPS**

Pour combattre le virus.

"Hein???"

– William Bak

C'est une façon de livrer à nos forces

Des équipements spéciaux et des informations

Pour identifier les espions

Et les arrêter avant qu'il ne soit trop tard.

Maintenant que nos forces savent

À quoi ressemblent les espions,

Ils n'auront pas à brûler tout le voisinage

Et ils pourront arrêter seulement les espions.

Tous les espions!

Est-ce que tu refuseras ces outils spéciaux

À tes forces policières

Et à ton armée?

Si tu refuses,
Ils n'auront rien pour les aider
À arrêter les espions
Ne sachant pas à quoi ils ressemblent.

Dans ce cas, ils vont
Arrêter des cellules innocentes
Et perdre la bataille contre les espions.

Le choix est le tien!

Voilà ce qu'est un vaccin,
D'un point de vue scientifique,
Dans des mots faciles à comprendre.

EST-CE QUE C'EST DANGEREUX?

PAR WILLIAM BAK & DR. BAK NGUYEN

L es vaccins sont présents depuis très longtemps.
Et ont sauvé des millions de vies humaines
Des infections.

Toi aussi, tu as déjà reçu plusieurs vaccins
Contre différentes maladies,
Depuis que tu es bébé.
Tu es fort et en santé, n'est-ce pas?

Dans quelques cas rares,
Certaines personnes ne réagissent pas bien au vaccin.
Et il y a des complications.
Mais c'est une exception,
Pas la norme.

Sinon, on serait tous morts,
Puisqu'on a tous été vaccinés.

"Alors, c'est dangereux???"
- William Bak

Lorsque nos forces reçoivent le paquet spécial
Ils doivent apprendre à l'employer

Et à adapter leur techniques et approches.

Dans le paquet spécial,
Il y a des lunettes spéciales,
Des munitions spéciales,
Et même, des bombes spéciales.
Certains de nos soldats peuvent se blesser
En apprenant à les utiliser.

Les vaccins sont des armes pour combattre les espions,
Ce ne sont pas des jouets.
Ils sont puissants et efficaces.
Si on respecte les instructions,
Le vaccin est notre meilleur renfort.
Dans le cas contraire,
Le vaccin peut nuire.

Quand les gens deviennent malades
Après l'injection d'un vaccin,
Ce n'est pas de leur faute.
Il fallait seulement trouver
La façon de transmettre les instructions à leur corps.
Ce ne sont pas tous les corps qui parlent la même langue.

Voilà ce qu'est un vaccin,
D'un point de vue scientifique,
Dans des mots faciles à comprendre.

COMMENT FONCTIONNE LE VACCIN?

PAR WILLIAM BAK & DR. BAK NGUYEN

U n vaccin est une partie inactive du virus
Qu'on appelle ARN.

Le vaccin est injecté dans notre corps
Afin que le corps puisse produire
Des détecteurs du virus en question.
Les détecteurs sont appelés **ANTICORPS**.

"Les anticorps sont des ennemies?"
- William Bak

Non, ils sont les détecteurs
Qui identifient l'envahisseur
Et les virus.

Les **ANTICORPS** sont des unités spéciales
Qui patrouillent notre corps
Pour arrêter les virus.
Quand ils trouvent un virus,
Ils le suivent, et s'y attachent
Et appellent pour du renfort.

Nos forces policières sont alors appelées
Elles vont arrêter les envahisseurs (virus)
Et les mettre hors d'état de nuire.

Le nom des unités spéciales est **ANTICORPS**.
La police et l'armée de notre corps
Portent le nom de **GLOBULES BLANCS**.

Si la police arrête les espions,
Elle met un terme à l'invasion,
Et la guerre est évitée.
Alors, tu n'es pas malade.
Dans le cas contraire, tu seras malade
Et tu auras besoin de rester au lit
À manger de la soupe.

Voilà ce qu'est un vaccin,
D'un point de vue scientifique,
Dans des mots faciles à comprendre.

QUESTION #8

EST-CE QUE C'EST AVEC LE VIRUS QU'ON S'INJECTE?

PAR WILLIAM BAK & DR. BAK NGUYEN

C omme on l'a dit précédemment,
On s'injecte une partie inactive du virus
Pas le virus en soi.

Maintenant, on a une signature biologique des espions
Et une photographie de son visage.

Cela ne signifie pas qu'on a ouvert la porte
Ni qu'on a donné la clé de notre corps aux virus.
Avec un vaccin, on a maintenant
Des détecteurs de virus pour se protéger.

Maintenant que nos unité spéciales
Savent à quoi ressemblent les virus,
Nos forces de police
Peuvent les arrêter, les espions, les virus.

Voilà ce qu'est un vaccin,
D'un point de vue scientifique,
Dans des mots faciles à comprendre.

EST-CE QU'ON PEUT MOURIR DU VACCIN?

PAR WILLIAM BAK & DR. BAK NGUYEN

La réponse à cette question est
Qu'il y a des risques
De complications possibles.

Certains corps ne seront pas capables de lire
Les instructions du vaccin.
Ces corps vont réagir au vaccin
Comme si c'était le virus et l'espion lui-même.

Dans ce cas,
Au lieu de créer des unités spéciales
Qui produiront des photos
Et des signatures biologiques du virus,
Ils vont appeler l'armée
Qui va envoyer une bombe sur le vaccin.

L'explosion de la bombe
Qu'on appelle inflammation
Ne fait pas de différences
Entre les espions et nos cellules normales.
La bombe détruit tout.

Le mal et les complications du vaccin
Proviennent de l'explosion
De la bombe que notre corps a lancée
Et de la destruction massive

Qui l'accompagne.

Sois rassuré,
Malgré qu'il n'y a pas de risque o,
Mais cela n'arrive pas souvent
Que le corps envoie une bombe
Sur le vaccin.

Mais ça arrive de temps en temps.
C'est pour cette raison
Qu'il est important que les instructions de sécurité
Soient livrées et lues
Par nos corps.

Le vaccin n'est pas l'ennemi,
C'est une façon de créer des Unités Spéciales
Pour lutter contre les vrais espions.
Et éviter que notre corps
Lance une bombe sur nos cellules par erreur.

"Quand est-ce qu'il est trop tard
pour recevoir un vaccin?"
- William Bak

Le vaccin ne va seulement être utile

Qu'avant que les espions n'aient infiltré ton corps

Ou qu'il y ait très peu d'espions présents.

Mais une fois que les cellules deviennent zombies

C'est trop tard pour recevoir le vaccin.

À ce moment, l'armée aura déjà

Lancé une bombe sur les quartiers des cellules infectées.

C'est alors que tu seras malade

Et que tu auras de la fièvre.

Et, on l'espère, tu te sentiras

Mieux d'ici quelques jours.

Ton armée aura éliminé tous les espions

Et repoussé l'invasion avec succès.

Voilà ce qu'est un vaccin,

D'un point de vue scientifique,

Dans des mots faciles à comprendre.

ÇA NE FAIT PAS DE SENS DE S'INJECTER LE VIRUS DANS NOTRE CORPS. POURQUOI ON LE FAIT?

PAR WILLIAM BAK & DR. BAK NGUYEN

Tu as raison,

Ça ne fait pas de sens de s'injecter le virus.

Un vaccin, ce n'est pas un virus.

Encore une fois,

Avec le vaccin, on envoie un paquet spécial

À notre corps, pour qu'il puisse se préparer

À lutter contre les espions.

À partir du paquet spécial,

Notre corps va avoir des instructions, des armes

Et des outils pour entraîner des unités spéciales

Qui vont identifier clairement les espions et les virus.

Avec un vaccin, on n'injecte pas d'espions dans notre corps,

Juste des façons pour identifier le virus

Et entraîner nos **ANTICORPS**

Pour la tâche.

Voilà ce qu'est un vaccin,

D'un point de vue scientifique,

Dans des mots faciles à comprendre.

EST-CE QUE JE PEUX AVALER LE VACCIN COMME UNE PILULE AU LIEU D'AVOIR UNE PIQÛRE?

PAR WILLIAM BAK & DR. BAK NGUYEN

Malheureusement, le vaccin doit être injecté Dans notre corps pour être efficace. Si tu le mets dans ta bouche, En le buvant ou en le mangeant, Cela ne marchera pas.

"Pourquoi Papa? En mangeant, ça rentre dans notre corps aussi, non?"
- William Bak

Vois-le comme ceci:

Tu dois livrer le paquet spécial

Au quartier général des unités spéciales.

Au lieu de le livrer là, en mangeant le vaccin,

Tu le livres à la cuisine.

Comment tu penses que ça va marcher?

Après la cuisine, c'est la toilette.

Si tu manges ou bois le vaccin,

Tes unités spéciales vont toujours attendre

Sans jamais recevoir le paquet spécial

"Papa, la cuisine? Vraiment?"

– William Bak

En fait, c'est ton estomac.

Et la toilette c'est tes intestins.

C'était juste plus facile pour toi

Afin que tu puisses suivre la logique.

En réalité, une fois dans ton estomac,

Le vaccin va être digéré

Comme de la nourriture

Et le paquet spécial sera détruit.

Dans ce cas, les virus vont gagner.

Est-ce que c'est ce que tu veux?

Il ne faut pas manger ni boire le vaccin!

Voilà ce qu'est un vaccin,

D'un point de vue scientifique,

Dans des mots faciles à comprendre.

EST-CE QUE C'EST VRAI PAPA? OU TU FAIS DES BLAGUES?

PAR WILLIAM BAK & DR. BAK NGUYEN

Tout ceci est vrai.

J'ai appris tout ça en devenant un docteur.

Même les dentistes doivent savoir

Comment fonctionnent les vaccins.

J'ai seulement employé

Des mots plus faciles à comprendre

En parlant d'unités spéciales,

D'espions et d'envahisseurs.

En fait, ce n'est pas très loin de la réalité.

À l'université, on parle des infections et des virus

Comme d'une invasion par l'ennemi.

Et on parle de la réaction de notre corps

Comme des mesures de défense.

Demande à tous les docteurs,

Ils vont te compter une histoire qui leur est unique,

Et le thème de la guerre va toujours être présent.

Pourquoi? Parce que c'est la réalité.

C'est ce qui se passe à l'intérieur de notre corps.

Une lutte et une guerre pour

Garder le virus loin de tes cellules.

Et avec ceci, j'ai répondu à toutes ces questions.

Il ne restait qu'une seule question sur son front.

"Papa, tu as faim?"

- William Bak

Voilà ce qu'est un vaccin,

D'un point de vue scientifique,

Dans des mots faciles à comprendre.

Du Canada, le **Dr Bak NGUYEN**, nominé Entrepreneur de l'année Ernst & Young, Grand Hommage à Lys DIVERSITÉ, LinkedIn et TownHall, Achiever of the year et TOP100 docteurs du monde. Le Dr Bak est un dentiste cosmétique, PDG et fondateur de Mdex & Co. Son entreprise révolutionne le domaine dentaire. Conférencier et motivateur, il détient le record du monde d'écriture de 72 livres en 36 mois accumulant de nombreux records mondiaux (à être officialisés). Ses livres couvrent les sujets:

- **ENTREPRENEURSHIP**
- **LEADERSHIP**
- **QUÊTE D'IDENTITÉ**
- **DENTISTERIE ET MÉDECINE**
- **ÉDUCATION DES ENFANTS**
- **LIVRES POUR ENFANTS**
- **PHILOSOPHIE**

En 2003, il a fondé Mdex, une entreprise dentaire sur laquelle, en 2018, il a lancé l'initiative privée la plus ambitieuse afin de réformer l'industrie dentaire à l'échelle du Canada. Philosophe, il a à cœur la quête du bonheur des personnes qui l'entourent, patients et collègues. En 2020, il a lancé une initiative de collaboration internationale nommée les **ALPHAS** pour partager ses connaissances et pour que les entrepreneurs et les professionnels dentaires puissent se relever de la plus grande pandémie et dépression économique des temps modernes.

Ces projets ont permis au Dr Bak d'attirer les intérêts de la communauté internationale et diplomatique. Il est maintenant au centre d'une discussion mondiale sur le bien-être et l'avenir de la profession de la santé. C'est à ce propos qu'il partage ses réflexions et encourage la communauté des professionnels de la santé à partager leurs histoires.

"Ça ne vaut pas la peine de marcher seul! Ensemble, on peut y arriver."

Pour soutenir la créativité et le partage de la sagesse et la croissance personnelle, le Dr Bak dirige également l'avancement de l'Intelligence artificielle chez Emotive Monde Incorporé. En intégrant l'intelligence artificielle, le design et l'édition à son flux de production, Emotive Monde est un leader mondial dans les univers de publication et de production d'histoires et de livres.

Les livres édités sont distribués par Amazon, Barnes & Noble, Apple Livres et Kindle. La société produit aussi des livres audio, nouvellement intégré en format combo pour les achats de copie papiers distribuées par Amazon et Barnes & Noble.

Sous la direction du Dr Bak, Emotive Monde a lancé le protocole Apollo, permettant aux auteurs d'écrire des livres en 24 heures de temps de travail, le protocole Echo, pour produire des livres audio comme celui-ci, et également de créer et de produire des blockbusters de livres audio, **U.A.X.** (Ultimate Audio Experience) en streaming sur Apple Music, Spotify et tous les principaux distributeurs musicaux.

Le Dr Bak, avec son implication dans Emotive Monde, encourage la voix individuelle des auteurs du monde et les aide à atteindre leurs marchés et leur public. Oui, le Dr Bak est un auteur, mais à travers Emotive Monde, il est également une maison d'édition et un studio de production.

Conférencier motivateur et entrepreneur en série, philosophe et auteur, de ses propres mots, le Dr. Bak se décrit comme un dentiste par circonstances, un entrepreneur par nature et un communicateur par passion.

Il détient également des distinctions du Parlement canadien et du Sénat canadien.

www.DrBakNguyen.com

AMAZON - BARNES & NOBLE - APPLE BOOKS - KINDLE
SPOTIFY - APPLE MUSIC

Du Canada, **William Bak**, est un jeune prodige de 10 ans. À l'âge de 8 ans, il a co-écrit une série de livres pour enfants avec son père, le Dr Bak. Père et fils, ensembles, ils changent le monde, un esprit à la fois, en écrivant des livres pour enfants. William a, jusqu'à présent, co-écrit 24 livres.

Il a co-écrit les 10 livres de poulet en ANGLAIS, puis il a dû les traduire lui-même en FRANÇAIS. C'est ainsi qu'il a 20 livres de poulet. William a également co-écrit 2 livres sur l'éducation des enfants avec son père, THE BOOK OF LEGENDS volume 1 et 2. Le volume 3 est en cours d'écriture.

Pour promouvoir ses livres, William a embrassé la scène pour la première fois en 2019 pour parler à une foule de plus de 300 personnes. Depuis, il est apparu dans de nombreuses entrevues pour parler de ses livres et projets à venir.

Au milieu du COVID, il s'est ennuyé et a commencé son YOUTUBE CHANNEL: **GAMEBAK**, passant en revue les jeux vidéo. Fin 2020, il a rejoint les ALPHAS en tant que plus jeune animateur du prochain movement mondial, **COVIDCONOMICS**, dans lequel il donnera son point de vue et accueillera les opinions de sa génération.

"Je vais vous montrer. Je ne vais pas vous forcer.
Mais je ne vous attendrai pas."
- William Bak and Dr. Bak

En Écrivant avec son père, William détient des records du monde à officialiser:

- Le plus jeune auteur qui a écrit dans 2 langues
- Co-auteur de 8 livres en un mois
- Le premier enfant à avoir écrit 20 livres pour enfants

UAX

ULTIMATE AUDIO EXPERIENCE

Une nouvelle façon d'apprendre tout en se divertissant grâce aux films-audio. UAX est plus qu'un livre audio, ils ont été conçus afin de stimuler l'imaginaire afin de garder l'intérêt du public, même des gens visuels. Les UAX ont été conçus pour divertir tout en conservant le caractère éducatif des livres. Les film-audio UAX sont les blockbusters de l'univers des livres Audio.

La bibliothèque du Dr. Bak sera rendue disponibles en format UAX au cours des prochains mois. Des négociations sont aussi entamées pour ouvrir le format UAX à tous les auteurs désirant élargir leur audiences.

Découvrez l'expérience UAX dès aujourd'hui en streaming sur Spotify, Apple Music ainsi que chez tous les grands distributeurs de musiques digitales.

AMAZON - BARNES & NOBLE - APPLE BOOKS - KINDLE
SPOTIFY - APPLE MUSIC

C O M B O

PAPERBACK/AUDIOBOOK

ACTIVATION

Please register your book to receive the link to your audiobook version. Register at:
https://baknguyen.com/vaccin-registry

www.DrBakNguyen.com

CHILDREN'S BOOK
with William Bak

The Trilogy of Legends

THE SPIES AND ALIENS COLLECTION

DENTISTRY

COVIDCONOMICS 074
THE GENERATION AHEAD
BY Dr BAK NGUYEN

THE POWER OF YES

THE POWER OF YES 010
VOLUME ONE: IMPACT
BY Dr BAK NGUYEN

081 **THE POWER OF YES 4**
VOLUME FOUR: PURPOSE
BY Dr BAK NGUYEN

THE POWER OF YES 2 036
VOLUME TWO: SHAPELESS
BY Dr BAK NGUYEN

082 **THE POWER OF YES 5**
VOLUME FIVE: ALPHA
BY Dr BAK NGUYEN

THE POWER OF YES 3 039
VOLUME THREE: LIMITLESS
BY Dr BAK NGUYEN

083 **THE POWER OF YES 6**
VOLUME SIX: PERSPECTIVE
BY Dr BAK NGUYEN

TITLES AVAILABLE AT

www.DrBakNguyen.com

AMAZON - BARNES & NOBLE - APPLE BOOKS - KINDLE
SPOTIFY - APPLE MUSIC

DR.

Bak Nguyen

www.DrBakNguyen.com